LE FANTASSIN FRANÇAIS
THE FRENCH SOLDIER

Les diverses armes du fantassin de 1918.
The different weapons of the 1918 soldier.

2

Le Fantassin français

Bien avant 1914, le fantassin français avait conquis, haut le pied, sa position dans la gloire. On le nommait couramment « le premier soldat du monde ».

Et depuis quand ? Depuis toujours. On ne savait plus... Cela remontait à la nuit des temps qu'il avait éclairée, pour en faire une longue aurore. D'un pas élastique et sûr il venait, par d'incalculables étapes, des extrémités les plus lointaines du passé, il sortait des entrailles mêmes du sol maternel, des plus riches dépôts de la race, ayant en lui l'accumulation des forces et des progrès séculaires, portant dans son sac, d'une épaule assouplie qui ne pliait jamais, ce magnifique et savant fardeau. Les obligations incessantes de la vie à travers les âges, les exigences de la liberté, les nécessités de sauvegarde et d'honneur, les grands devoirs, les grands dangers croissants et variables, les malheurs, les fléaux, les guerres avec la double trempe des victoires et des

The French Soldier

Long before 1914, the French soldier had won his place in the annals of fame. He was commonly known as the best soldier in the world.

And from what time does this date? From all time. It dates back to the darkness of the ages which he illuminated and turned into a long dawn. With firm and elastic tread, he came, step by step from the furthest limits of the past, emanating from the very soul of his country, from the richest stock of the nation, bearing within him the accumulation of the strength and progress of centuries, and carrying unflinchingly this magnificent and wonderful burden in his knapsack. The unceasing obligations of life, the demands of freedom, the necessities of safety and honour, the higher duties, the great dangers ever increasing and changing, the misfortunes and scourges, the wars with their alternate victories and defeats, the successive trials under-

3

défaites, les successives épreuves d'un peuple,
subies et surmontées aux champs de bataille où
c'est le fer qui décide, tout cela, au cours tumul-
tueux des époques de notre histoire, avait splen-
didement formé et composé le fantassin français.
Pendant des défilés et des écoles de centaines d'années, ç'avait été un travail naturel, systématique
et volontaire de mise en train, d'adaptation rude,
lente et serrée. Il était de ces ouvrages éternels,
pour ainsi dire mobiles et vivants qui, toujours
maniés, pris et repris, ont besoin qu'à toute heure,
avec une idée inlassable en vue d'un but déterminé,
on les remonte sur le métier. Ainsi trituré par l'ex-
périence et mâché par les combats, surveillé et
entretenu de période en période, transmis dans son
intégralité par chaque génération à la suivante,
invariable et cependant sans cesse accru, toujours
égal à lui-même quand il ne s'y montrait pas supé-
rieur, offrait-il un type si complet, si réussi qu'il
semblait bien qu'on ne ferait pas mieux... et qu'il
avait atteint vraiment les limites de la perfection.
Toutes les qualités, d'origine ou acquises, il les pos-
sédait : bravoure et sang-froid, calme réfléchi et
folle audace. Et le coup d'œil, la rapidité, la har-
diesse, le feu, la furie, le fonds et l'élan, le cran, le
mordant, le bond, toutes les forces et les détentes
du bras, du rein, du pied, du jarret, toutes les com-

4

gone by a people endured and overcome on
the field of battle where steel has the last
word, all these, in the troubled course of our
history, had magnificently formed and shaped
the French soldier. During the schooling of
centuries, a natural labour of methodical and
voluntary training had been going on, of slow
and careful assimilation. It was one of those
endless tasks, which, as it were, living and mobile,
taken up and re-taken up, require to be placed
again on the loom with untiring and unwa-
vering purpose. Thus hardened by experience,
tempered in battle, watched over and husban-
ded from age to age, transmitted integrally
from one generation to another, unchanging
and yet constantly strengthened, always equal
to itself if not actually superior, the type was
so complete, so successful, that it seemed its
better·could not be found... and that in very
truth it had reached the limits of perfection.
This soldier of France possessed, innate and
acquired, all the qualities requisite; gallantry
and cool-headedness, self-possession and dash.
The swiftness of eye, boldness, resource and enter-
prise, spring, bite, nerve, the strength and
suppleness of limb, all the subtleties of the
art of fencing, all the intricacies of bayonet-

binaisons de la pointe et de l'escrime, toute la technique de la baïonnette et tout l'art d'embrocher, toutes les variantes furibondes de l'assaut, de la charge et de l'escalade, il les avait, il les avait... et tous les secrets de l'attaque au fer, à la main, et de l'avance foudroyante, et toutes les recettes de la victoire piquée, enlevée à l'instant précis... il les avait : il avait tout !

* * *

Et puis vint la guerre, celle-là où toujours nous sommes, une guerre qui se mit, à peine commencée, à ne rien faire comme les autres, à se développer et à s'accomplir en dehors des règles admises, des vieilles habitudes, des méthodes en usage, une guerre où toutes les qualités traditionnelles et cultivées du fantassin français et son entraînement spécial se trouvaient tout à coup en face d'un état de difficultés, d'obstacles et de terrain, absolument imprécis et d'une surprise déconcertante !

Et cependant, le fantassin français, avec une présence d'âme admirable, accepta l'apprentissage effrayant et tout nouveau que réclamait de lui la défense du sol.

C'est là une des merveilles de cette incompréhensible guerre où le miracle abonde. Par son caractère exceptionnel, son ampleur inattendue, par tout

fighting, all the variations in attack, storming and escalade, all these he possessed, yes, all... and all the secrets of hand to hand fighting, and all the arts of carrying victory at the precise moment... he had these too; he was master in them all.

Then came the war, the one in which we are still engaged and which, from its very outset, differed from all others, developing and accomplishing itself outside all hitherto admitted and customary rules and methods, a war where the traditional and cultivated qualities of the French soldier and his special training were suddenly faced by absolutely undefinable and disconcertingly surprising difficulties, obstacles and territory.

And yet the French soldier, with admirable resolution, accepted the new 'and terrible apprenticeship which the defence of his country imposed upon him.

That is one of the marvels of this incomprehensible war so replete in miracles. Its exceptional nature, its unforeseen scope, all its extraordinary and overwhelming features have made a complete, a more real, an even more heroic soldier of the world-renowned fighting man of France. It has steeped and moulded him in the clay of all the

5

ce qu'elle a d'extraordinaire et de débordant, elle
a fait de notre troupier de légende un soldat plus
absolu, plus achevé, plus héroïque encore ; elle l'a
pétri, modelé dans la boue de toutes les provinces,
elle l'a ennobli, exalté dans le renoncement total
et dans la maîtrise de lui-même, et sanctifié dès
ici-bas. Nous le voyons décoré de toutes les vertus,
avec un équipement moral qui ne fut jamais plus
soigné. Il est ce chef-d'œuvre de grandeur surhu-
maine devenu depuis quatre ans l'objet de nos
regards, de notre pensée constante et de notre
amour.

Il a revêtu en plus, dans la monotonie de son
endurance, une sublime uniformité qui, justement,
le signale et le distinguera dans l'histoire inénar-
rable de son temps. De ces hommes si divers, sortis
de tous les rangs et engendrés par tous les milieux,
la Circonstance a créé un type d'homme unique,
reproduit à des centaines de mille d'exemplaires.
Comme on fabrique des engins, elle a fait des
héros sur modèle, à la série. Ce modèle, c'est le
poilu, le fantassin qui englobe toutes les armes,
puisque le cavalier, et beaucoup d'autres avec lui,
ont eu le courage, en accomplissant le sacrifice
de l'esprit de corps, de s'engager dans cette infanterie substantielle, qui est la nourriture fonda-
mentale et le pain des batailles. Or, le soldat français

6

provinces, has modelled him, exalted him in the
sacrifice and mastery of self. It has sanctified
him. We see him adorned with all the virtues, in
possession of a moral equipment heretofore un-
matched. He is that masterpiece of superhuman
greatness to whom, after these four years, we turn
our eyes; he is the object of our constant thought
and love.

The monotony of his suffering has, moreover,
cloaked him in a uniform sublimity which will
justly give him a distinguishing mark in the history of the age. Of men so different, of such
mingled rank and breeding, circumstance has made
a unique type reproduced a thousand-fold. Heroes
have been cast like machines, serially, after a
given model. This model is the poilu, the soldier
of every corps, since the cavalryman, like many
others with him, sacrificing *esprit de corps*, has had
the courage to join the infantry, the substance, the
fundamental nourishment, the very bread of battle.

And now we think we know, as we think we under-
stand, the soldier of France, when we meet him off
duty and chat with him during a few hours in the
home circle. What a mistake we make! What
an illusion!

Have you ever considered that these millions of

que nous connaissons pour le rencontrer dans nos rues au passage des permissions et l'accueillir, le fréquenter çà et là pendant quelques heures dans l'intimité du foyer familial, nous croyons le posséder et le tenir définitivement... Quelle erreur ! Quelle illusion !

* * *

Avez-vous jamais réfléchi que tous ces millions d'hommes bleus et casqués qui se ressemblent tous, parents d'une même énergie, hantés d'un même but, nous ne les garderons pas ? Le but atteint, ils nous échapperont ! Le flux de la guerre les avait apportés, son reflux les remportera ! Ils disparaîtront. Au grand souffle de la victoire, ils s'évanouiront, du jour au lendemain. Dispersés, licenciés, les trois quarts de la nation armée fondront, repris par l'autre creuset gigantesque et dévorant de la vie civile et réparatrice. Ils iront garnir d'autres fronts, ceux de la paix active et encombrée de devoirs. Cette innombrable assemblée, groupée, disciplinée, tassée, ce peuple harmonieux, ce faisceau magnifique et dur obtenu au prix de tant de peine, se désagrégera, et tous les éléments qui le composaient retourneront à leur origine. Chaque groupe, chaque classe sociale, chaque profession, chaque métier, ira reprendre sa place et ses pas-

bluecoated, steel-helmeted men who are all alike, all brothers in the same determination, all haunted by the same goal, that we shall not keep them ? When they have attained their object they will escape us. The tide of war has brought them to us; its ebb will carry them away again. They will disappear. The wind of victory will blow them away from one day to another. Dispersed, discharged, three parts of the armed nation will disappear, caught in the gigantic and absorbing whirl-pool of civilian life. They will go to reinforce other fronts, that of active, duty-crowded peace. This innumerable, grouped, disciplined, harmonious and compact gathering, this magnificent sheaf which has cost so much hardship, will disaggregate itself, and all the elements composing it will return whence they came. Each class, each profession, each craft will return to its work and its pleasures, to fill its original cell. All these different types of humanity which formed one species will reassume their particular character and aspect. The imposing exterior armoury of France willl be taken to pieces and stored away. And we shal be full of astonishment and melancholy in presence of these disarmed troops deprived of their mediaeval head-dress and blue, weatherbeaten uniforms. We shall regret them. We shall remember the

sions, réoccuper son rayon primitif, se réenchasser dans son alvéole ; toutes ces espèces d'humanité qui n'en faisaient qu'une retrouveront leur caractère et leur aspect spéciaux, individuels. L'imposante armure extérieure de la France, pièce à pièce sera rompue, démontée, rangée dans les magasins. Et nous serons alors tout stupéfaits et pleins de mélancolie devant ces troupes déshabillées, dépouillées de la coiffure médiévale et des vieilles hardes d'horizon. Nous les regretterons. Nous évoquerons bien souvent leur grandiose allure. Sous le feutre et la casquette, sous la blouse et le bourgeron d'atelier, nous rechercherons la trace des chapeaux de fer et des capotes encroûtées. Et l'image du poilu, de notre immortel fantassin, bientôt nous manquera ! Nous nous rappellerons le temps où nous inclinions parfois à penser que l'homme du peuple français, de la nation, avait rencontré sous le feu sa forme exacte et finale qui ne bougerait plus, et que toujours, toujours, on le verrait désormais tel que l'avait nécessité la grande et terrible besogne.

Et puis, pas du tout. Sera-t-il donc alors irrémédiablement perdu ? Rien ne restera-t-il de ses gestes, des spectacles cyclopéens qu'il sut donner au monde ?

Eh bien ! si ! quand même, il vivra, grâce aux photographes de l'armée. L'œuvre immense de

8

grandiose cut of their figures. Beneath cap or hat, beneath the workman's garb we shall seek the trace of helmet and mudstained coat. And how we shall miss the picture of our poilu, of our immortal infantryman. We shall recall the time when we were inclined to think that the man of the people of France had been marked with his final stamp under fire and that he would undergo no further change and that always, always, we should see him such as had been necessitated by the great and terrible task.

Nevertheless, will he therefore be for ever lost to us ? Will nothing survive of his life, of the cyclopean show he presented to the world.

No, he will survive, thanks to the Army's Photographers. The immense work of preservation and gratitude undertaken by them, which they have, with understanding and art, been accomplishing for four years in the midst of the greatest difficulties, will have brought us not only a captivating, complete and faithful diary of the soldiers' life, but will constitute the most moving and reliable of chronicles for the future.

An imperishable portrait of the French infantryman has been immortalised by them for posterity to admire. Worked by its little machinery, the narrow ribbon will only need to be unwound

conservation et de gratitude que ceux-ci ont ainsi entreprise établira pour l'avenir les plus belles, les plus émouvantes archives.

Par elles, l'impérissable portrait du fantassin français est fixé sans retouche, pour la postérité. Tournée par la petite mitrailleuse de l'appareil, la mince bande du ciné n'aura qu'à se dérouler, chaque fois qu'on le voudra, pour que sur l'écran, pendant des années tout recommence, que la grande marée se remette en marche, que les drapeaux troués de Verdun soient repris par le vent, que les généraux redonnent l'accolade et baisent la joue du soldat et que, même les morts, « pris à temps » ressuscitent.

Henri Lavedan

de l'Académie française.

to bring the great sea of battle into movement again, for the ragged flags of Verdun to blow again in the wind, for the General to pay the soldiers tribute and for even the dead to rise.

En Lorraine. — *Un cantonnement:*
In Lorraine. — *Cantonments.*

En LORRAINE. — *Distribution de la soupe.*
In LORRAINE. — *Distributing soup rations.*

11

Embarquement d'un régiment colonial.
Embarking a colonial regiment.

RÉGION DE VERDUN. — Relève d'infanterie.
AROUND VERDUN. -- Infantry being relieved.

Front de la Somme. — *Régiment faisant halte.*
On the Somme. — *A regiment halting.*

14

RÉGION DE VERDUN. — *Un régiment revenant de la ligne de feu et partant au repos.*
AROUND VERDUN. — *A regiment returning from firing line and off to rest.*

15

Dans la Meuse. — *Troupes se rendant en première ligne.*
On the Meuse. — *Troops going up to the first line.*

DANS L'OISE. -- *Mitrailleurs tirant contre un avion.*
ON THE OISE. - *Machine-gunners firing at an aeroplane.*

Front de la Somme. — *Retour des premières lignes.*
On the Somme front. *Back from ther fist line.*

En Champagne. — *Soldats allant prendre position à travers les lignes allemandes reconquises.*
In Champagne. — *Soldiers going to new positions through the reconquered German lines.*

En Alsace. — *Skieurs français.*
In Alsace. — *French skiers.*

Dans la Meuse. — *Sentinelle munie de son masque.*
On the Meuse. — *Sentry wearing his mask.*

RÉGION DE VERDUN. — *Marocains sortant de leurs abris.*
AROUND VERDUN. — *Maroccans coming out of their shelters.*

En Champagne. — Sénégalais dans une tranchée de première ligne.
In Champagne. — Senegalese in a first line trench.

23

Dans une tranchée en Belgique.
In a trench in Belgium

24

En Argonne. — *Grenadiers dans une tranchée.*
In Argonns. — *Grenadiers in a trench.*

25

En Champagne. — *Poste de commandement dans une tranchée de première ligne.*
In Champagne. - - *Company headquarters in a first line trench.*

Bataille de Picardie. — *Premières lignes françaises.*
The battle in Picardy. — *The French first line.*

FRONT DE LA MEUSE. — *Revue des drapeaux des régiments ayant pris part à la bataille de Verdun.*
THE MEUSE FRONT. — *Reviewing the flags of the regiments which took part in the battle of Verdun.*

28

Les drapeaux des régiments ayant pris part à la bataille de Verdun.
Flags of regiments having taken part in the battle of Verdun.

Le drapeau du régiment de marche de la Légion étrangère.
The flag of the crack regiment of the foreign legion.

30

Le drapeau des chasseurs à pied.
The chasseurs' flag.

Le général Pétain décorant le drapeau du 4e régiment de tirailleurs algériens.
General Pétain decorating the flag of the 4th regiment of Algerian tirailleurs.

Mathieu Jouy, soldat d'infanterie coloniale, chevalier de la Légion d'honneur. « Soldat d'élite qui au combat du 1ᵉʳ juillet 1916 a brillamment soutenu sa réputation de « héros du fortin de Beauséjour »... »
Mathieu Jouy, a soldier of the colonial infantry, knight of the Legion of Honour... « Soldier of exceptional valour, who at the battle on the 1ˢᵗ of July 1916, brilliantly maintained his reputation « of hero of the fort of Beauséjour »...

Le caporal Goutaudier, des chasseurs alpins, chevalier de la Légion d'honneur. « Audace et mépris absolu du danger ; jetant la terreur dans les tranchées et abris ennemis. A fait avec un camarade une centaine de prisonniers dont deux officiers... »
Caporal Goutaudier of the chasseurs alpins, knight of the Legion of Honour. « Showed great pluck and absolute contempt of danger throwing terror in the enemy trenches and dug-outs. Took with a fellow-soldier a hundred prisoners including 2 officers. »

www.ingramcontent.com/pod-product-compliance
Ingram Content Group UK Ltd.
Pitfield, Milton Keynes, MK11 3LW, UK
UKHW021626130726
13696UKWH00005B/2076